Der Arena LeseStier
Sachgeschichten für Erstleser

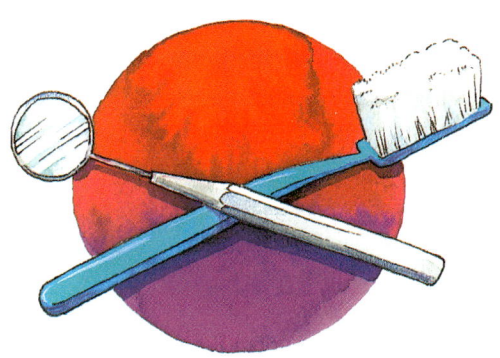

Ulrike Gerold und Wolfram Hänel
wurden beide 1956 geboren, haben beide Germanistik studiert
und später beide viele Jahre im Theater gearbeitet.
Heute leben sie mit ihrer Tochter meistens in Hannover
und manchmal in Kilnarovanagh, einem kleinen Dorf in Irland,
und schreiben Theaterstücke, Kinderbücher und Reiseberichte.

Annette Fienieg
wurde 1959 geboren. Sie studierte an der Akademie
für Bildende Künste in Utrecht.
Seit 1986 illustriert sie Kinderbücher und zeichnet für Zeitschriften.

Ulrike Gerold / Wolfram Hänel

Das will ich wissen

Beim Zahnarzt

Mit Bildern von
Annette Fienieg

Arena

Unser Dank gilt der Zahnarztpraxis
Dr. Kottmann und Dr. Moebius, Hannover,
für ihre freundliche Hilfe und Unterstützung,
dabei insbesondere Oliver Moebius –
wohl dem, der einen Zahnarzt
zum Freund hat!

In neuer Rechtschreibung

1. Auflage 1998
© 1998 by Arena Verlag GmbH, Würzburg
Alle Rechte vorbehalten
Einband und Illustrationen: Annette Fienieg
Reihengestaltung: Bernhard Hartlieb
Gesamtherstellung: Westermann Druck Zwickau GmbH
ISBN: 3-401-04777-9

Inhalt

Opa Otto mag keinen Kartoffelbrei

Heute gibt es Schnitzel mit Kartoffelbrei.
Weil Opa Otto zu Besuch kommt.
Opa Otto ist Lisas Großvater
und mag am liebsten Schnitzel.
Mit Klößen allerdings.
Aber Lisa mag keine Klöße,
also hat Lisas Mutter
Kartoffelbrei gemacht.

Opa Otto bringt Blumen mit.
Für Lisas Mutter.
Und ein Buch für Lisa.

Für Lisas Vater hat er nichts.
Aber dafür zeigt er ihm gleich
sein neues Gebiss.
»Ganz schön scharf«, sagt Opa Otto,
»da hat das Schnitzel keine Chance.«
Dann macht er ihnen vor,
wie schnell er das Schnitzel
mit seinem neuen Gebiss
in klitzekleine Stücke zerkauen kann.

»Nimm ein bisschen Kartoffelbrei dazu«,
sagt Lisas Mutter.
»Klöße wären mir lieber«,
brummt Opa Otto.
Und damit sie auch alle sehen,
wie viel lieber ihm Klöße wären,
kaut er auf dem Kartoffelbrei herum,
als hätte er eine Schuhsohle
zwischen den Zähnen.

Im nächsten Moment macht er »arrrgh«.
Und dann »hmmpfff«.
»Was hast du?«,
fragt Lisas Vater.
»Also bitte«,
sagt Lisas Mutter,
»so schlecht schmeckt
der Kartoffelbrei
nun wirklich nicht.«
»Opa Otto sieht
irgendwie komisch
aus!«,
ruft Lisa.

»Außerdem hat er den Mund offen.
Und ihr habt gesagt,
beim Essen muss man den Mund
immer zumachen!«

Aber Opa Otto kann den Mund
nicht zumachen.
Sein neues Gebiss ist nämlich verrutscht.
Und jetzt klemmt es schräg
in Opa Ottos Mund.
Es hilft auch nichts,
als Lisas Vater
Opa Otto auf den Rücken klopft.
»Wir müssen das Gebiss rausholen«,
sagt Lisas Mutter.
Aber Lisas Vater ruft sofort:
»Ich nicht!«
Opa Otto macht wieder »arrrgh«
und wackelt mit dem Kopf
und verdreht die Augen.
Dann sitzen sie alle
um Opa Otto herum
und wissen nicht weiter.

Bis Lisa plötzlich sagt:
»Warum bringen wir Opa Otto
eigentlich nicht zum Zahnarzt?«
Gleich um die Ecke hat Lisas Vater
vor ein paar Tagen
eine neue Zahnarztpraxis entdeckt.
»Da gehen wir hin«, sagt er jetzt.
Lisa kommt natürlich mit.

»Dr. Bohrmann« steht auf dem Schild
an der Praxis.
Lisa muss ein bisschen kichern.
Lisas Vater auch.

10

Nur Opa Otto kichert nicht.
Kann er ja auch gar nicht.
Opa Otto macht also wieder nur »hmmpfff«.
»Ich seh schon«, sagt die Zahnarzthelferin,
»das ist eindeutig ein Notfall.«

Die Zahnarzthelferin führt Opa Otto
ins Sprechzimmer.
Lisa stellt sich neben ihn
und streichelt seine Hand.
Damit Opa Otto keine Angst hat.
Dann kommt Dr. Bohrmann.
Aber Dr. Bohrmann ist gar kein Mann,
sondern eine Frau.

Frau Dr. med. dent. Bohrmann.
Med. dent. heißt einfach Zahnarzt.
Und Lisa findet
Frau Dr. Bohrmann gleich total nett.

Frau Dr. Bohrmann streicht Opa Otto
mit der Hand über die Wange.
Und bevor Opa Otto auch nur »grrr«
oder »hmmpfff« sagen kann,
hält sie schon sein Gebiss in der Hand.
»Alles halb so schlimm«, sagt sie.
Dann passt sie das Gebiss wieder ein
und sagt: »Fertig.«
Und Opa Otto macht »hmmpfff«.
Aber dann merkt er,
dass er ja jetzt wieder reden kann,
und sagt laut und deutlich:
»Danke. Es war mir ein Vergnügen.«
Frau Dr. Bohrmann lacht.
»Früher waren Zahnärzte nicht so nett.
Und früher waren Zahnärzte
auch keine hübschen jungen Damen«,
meint Opa Otto.

1 Stuhl für Patient
2 Röntgenapparat
3 Entwicklungsapparat
4 Röntgenbilder
5 Leuchte für Röntgenbilder
6 Entwicklungsmaterial

PROPHYLAXE

18 Sekretärin
19 Computer
20 Verwaltungsordner
21 Küche
22 Frühstückstisch

2

15

16

17

13

14

13 Labortechniker
14 Sterilisationsmaschine
15 Chemikalien
16 Härtungsapparat
17 Künstliche Zähne

Zutritt verboten!

Lisa hatte keine Ahnung,
was es in einer modernen Zahnarztpraxis
alles zu sehen gibt.
Hinter dem Tresen am Eingang
sucht eine Zahnarzthelferin
die Patientenunterlagen
aus großen Karteikästen heraus.
Diese Unterlagen sind wichtig
für Frau Dr. Bohrmann.
Damit sie weiß, wen sie behandeln soll
und was bei wem gemacht werden muss.

»Leider«, setzt er noch hinzu.

Frau Dr. Bohrmann lacht schon wieder.

»Wissen Sie, was«, sagt sie

und blickt auf ihre Uhr,

»zehn Minuten Zeit habe ich noch.

Ich zeige Ihnen einfach mal,

wie eine moderne Zahnarztpraxis

aussieht...«

In einem Terminkalender steht,
welcher Patient wann kommt.
Damit nicht alle auf einmal kommen.
Notfälle wie Opa Otto werden natürlich
ohne Termin behandelt.

Zuerst muss jeder Patient
der Zahnarzthelferin
seine Patientenkarte geben.
Die braucht Frau Dr. Bohrmann,
damit sie für die Behandlung
Geld von der Krankenkasse
bekommt.

Gleich neben dem Empfang
ist das Wartezimmer.
In Frau Dr. Bohrmanns
Wartezimmer
gibt es auch eine Spielecke
mit Legosteinen,
Autos und
Bilderbüchern
für die Kinder.

Wie ein Behandlungszimmer aussieht,
weiß Lisa ja inzwischen schon.
Am besten findet sie natürlich
den Behandlungsstuhl.
Mit dem kann man rauf- und runterfahren
wie mit einem Fahrstuhl.
Und die Lehne kann ganz weit
nach hinten gekippt werden.
Dann hängt man mit dem Kopf nach unten
und die Zahnärztin
kann auch noch
den letzten Zahn
in der hintersten Ecke sehen.

Nachdem Lisa dreimal
rauf- und runterfahren durfte,
geht es in den
nächsten Raum.
»Das ist der Röntgenraum«,
erklärt Frau Dr. Bohrmann,
»Röntgenstrahlen
fotografieren
die Knochen.«

Röntgenstrahlen sind aber auch gefährlich
und nur eine erfahrene Zahnarzthelferin
darf den Röntgenapparat bedienen.
Deswegen steht an dieser Tür auch
»Zutritt verboten«.

»Und das hier, was steht hier?«
Lisa zeigt auf eine andere Tür.
»Pro-phy . . . «, buchstabiert sie.
»Prophylaxe«, erklärt Frau Dr. Bohrmann.
»Das heißt vorbeugen.«

In einem Regal liegen mindestens
zwanzig verschiedene Zahnbürsten,
große und kleine, dicke und dünne,
sogar eine Zahnbürste
für ein riesengroßes Gipsgebiss.
Hier zeigt eine Zahnarzthelferin,
wie man sich die Zähne richtig putzt
und welche Zahnbürste gut ist.

In einem anderen Raum ist das Labor.
Im Labor arbeitet der Zahntechniker.

Er stellt künstliche Zähne her
oder Kronen.
Das sind kleine Kappen für die Zähne.

Manchmal macht er aber auch
ein ganzes Gebiss,
so wie das von Opa Otto.

»Und das hier ist der Sterilisationsraum«,
zeigt Frau Dr. Bohrmann.
Oje, wieder so ein schweres Wort,
denkt Lisa.
Hier werden alle Instrumente gereinigt.

Es reicht aber nicht
sie einfach nur abzuwaschen.
Sonst könnte es passieren,
dass Keime daran hängen bleiben
und diese Keime dann
Krankheiten übertragen.
Die Instrumente werden deshalb
in einem besonderen Apparat gereinigt,
ste-ri-li-siert eben.

Hinter der letzten Tür ist das Büro.
In einer Zahnarztpraxis müssen nämlich
auch Briefe geschrieben werden.
Zum Beispiel an die Krankenkasse.
»Wenn ich bei dir
ein Loch im Zahn repariere,
bekomme ich dafür Geld«,
sagt Frau Dr. Bohrmann.

»Aber keine Angst,
du musst dafür nicht
dein Taschengeld sparen,
auch dein Vater muss das nicht bezahlen.
Dafür habt ihr beide eine Versicherung.«

Löcher füllen
und Brücken bauen

Nachdem Lisa und Lisas Vater
und Opa Otto gegangen sind,
hat Frau Dr. Bohrmann
noch jede Menge zu tun.
Bevor sie den ersten Patienten behandelt,
zieht sie sich Handschuhe an.
Das ist wichtig,
damit keine Krankheitserreger
übertragen werden können.

Deswegen bindet Frau Dr. Bohrmann
auch einen Mundschutz um.

Der erste Patient hat ein Loch im Zahn.
Das hat Frau Dr. Bohrmann
mit einem Spiegel entdeckt,
der so gebogen ist, dass man um die Zähne
herumgucken kann.

Zuerst wird das Loch
mit einem Bohrer sauber gemacht.

Wenn jemand
sehr empfindlich reagiert,
betäubt man den Zahn.
Die Spritze pikst nur kurz und
dann
merkt man nichts mehr
vom Bohren.

In das Loch kommt
eine Schicht Zahnzement und
darauf ein zahnfarbener Kunststoff.

Es gibt übrigens verschiedene Bohrer,
zum Beispiel einen schnellen,
der gleichzeitig Wasser spritzt,
und einen langsamen,
der die Bakterien »rausschaufelt«.

Das Wasser von dem Bohrer
und der Speichel, also die Spucke,
werden mit einer Art Mini-Staubsauger
abgesaugt.

Beim zweiten Patienten
ist ein Zahn so kaputt,
dass er gezogen werden muss.
Das kommt zum Glück sehr selten vor.

Ein Zahn wird natürlich immer
mit Betäubung gezogen.

Für jeden Zahn gibt es
eine spezielle Zange,
für einen Milchzahn also eine andere
als für einen »erwachsenen« Backenzahn.

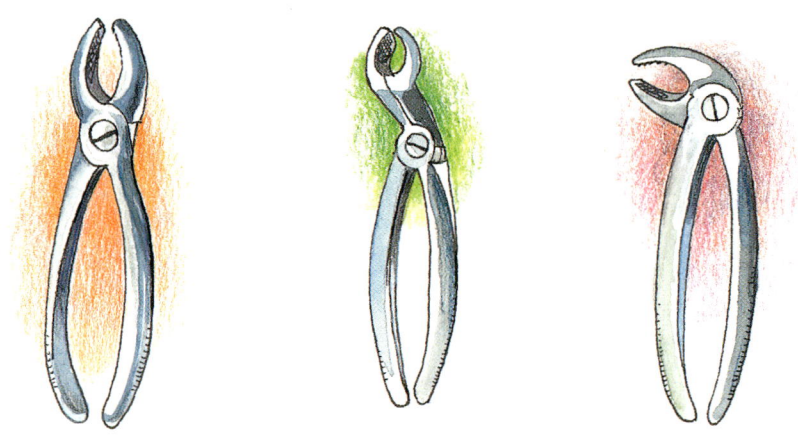

Jetzt hat der Patient eine Lücke,
in die ein künstlicher Zahn eingesetzt wird.
Dieser neue Zahn wird wie eine Brücke
zwischen zwei gesunden Zähnen befestigt.

Dann ist ein kleiner Junge dran.
Frau Dr. Bohrmann pinselt seine Zähne
mit einer »Zauberflüssigkeit« ein.
Und plötzlich sehen die Zähne aus,
als hätte der Junge Blaubeeren gegessen.

»Das Blaue
sind Bakterien«,
erklärt
Frau Dr. Bohrmann.
Die Zahnarzthelferin
zeigt dem Jungen,
wie er seine Zähne
putzen muss,
damit es keine blauen Stellen gibt.
Oder später Löcher in den Zähnen.

»Beim nächsten Mal«,
sagt Frau Dr. Bohrmann,
»versiegeln wir deine Zähne.«
Das geht nur bei neuen Backenzähnen.
Das sind die mit den breiten Kauflächen.
Die Schneidezähne vorne sind spitzer.

Die Backenzähne erhalten
einen durchsichtigen Überzug.
Der schützt vor Bakterien.
Aber putzen
muss man die Zähne trotzdem.

Jetzt muss Frau Dr. Bohrmann
eine Krone einsetzen.
Kaputte Zähne werden mit Kronen
geschützt, so halten sie länger.
Manchmal sind die Kronen aus Gold.
Und deshalb heißen sie auch Kronen.
Goldkronen nimmt man aber nur
für die hinteren Zähne,
die man beim Lachen nicht so sieht.

Vorbeugen ist besser als bohren

Bei Lisa in der Schule fällt heute Mathe aus.
Weil der Schulzahnarzt kommt.
Und diesmal ist es wirklich ein Mann!
Aber er ist trotzdem ganz nett, findet Lisa.

Der Schulzahnarzt
sieht sich bei allen
die Zähne an.

Und wenn er ein Loch entdeckt,
schreibt er einen Brief,
mit dem man dann
zu seinem eigenen Zahnarzt gehen muss.

Danach erzählt er noch ein bisschen.
Von den 20 Milchzähnen,
die man als Kind hat,
und von den 28 bleibenden Zähnen,
die nach den Milchzähnen wachsen.

Und von Schneidezähnen, Eckzähnen,
Backenzähnen und Stoßzähnen.
»Blödsinn«, sagt er dann,
»ihr seid ja keine Elefanten.«
»Aber Weisheitszähne bekommen wir!«,
ruft Lisa.
»Nicht immer«, erklärt der Schulzahnarzt,
»manchmal wachsen sie auch nicht.
Deshalb ist man trotzdem nicht dumm.
Weisheitszähne heißen sie nämlich nur,
weil sie erst kommen,
wenn man schon älter ist
und ein bisschen weise.«

Ein paar Kinder aus Lisas Klasse sollen
zum Kieferorthopäden gehen.
»Das ist ein besonderer Zahnarzt«,
erklärt der Schulzahnarzt.
»Manchmal haben nicht alle Zähne
Platz im Kiefer
und wachsen schief und krumm.
Da kann der Kieferorthopäde
mit einer Spange helfen.«

Es gibt feste Spangen und welche,
die man rausnehmen kann.
Und es gibt sie in Blau und in Grün
und sogar welche mit Glitzerstaub
und welche mit Sternchen.

Manche Kinder müssen sie
ein Jahr lang tragen,
andere noch ein bisschen länger.
Bis der Kiefer groß genug ist
und sich nicht mehr verändert.

Zum Schluss zeigt ihnen
der Schulzahnarzt,
wie sie ihre Zähne putzen sollen.
»Damit Karius und Baktus
keine Chance haben«, sagt er.

»Und wenn ihr eure Zahnbürste
einmal vergessen habt,
dann hilft auch ein Zahnkaugummi,
aber nur eines ohne Zucker.«

Zähne putzen aber ist immer besser.
Und zwei- bis dreimal im Jahr
zum Zahnarzt.

Als es noch keine Zahnärzte gab

Auch als Opa Otto
noch ein Kind war,
gab es schon
Zahnärzte.
Und auch als der
Vater von Opa Otto
ein Kind war.
Noch früher,
vor 200 oder
300 Jahren,
aber hat sich
kaum jemand
wirklich für die
Zähne interessiert.
Obwohl die Leute natürlich Zähne hatten.
Nur wussten sie damals noch nicht,
wie wichtig es ist die Zähne zu putzen,
um möglichst lange gesund zu bleiben.
Und sie wussten auch nicht,
dass es gut für die Zähne ist
viel Obst und Gemüse zu essen.

Es gab noch keinen
Zahnarzt,
keine Zahnbürste und
keine Zahnpasta.
Und Obst und Gemüse
gab es nur im Sommer,
schließlich hatte ja
auch noch niemand
die Tiefkühltruhe
erfunden.

Damals hatten schon viele junge Leute
Löcher in den Zähnen.
Diese Löcher wurden immer größer
und bald tat der Zahn furchtbar weh.
Dann steckten sich die Leute
eine Gewürznelke in den kranken Zahn
oder hielten sich einen Umschlag
mit heißen Kartoffeln an die Wange.

Manchmal ließen die Schmerzen nach.
Manchmal aber tat der Zahn
immer weiter weh und immer mehr.
Dann musste er raus.
Da half gar nichts.

Bei einem alten und wackligen Zahn
war das einfach.
Man nahm einen Faden,
band das eine Ende um den Zahn,
das andere an eine Türklinke.
Und – rums! – war die Tür zu
und der Zahn draußen.

Oft aber saß der Zahn bombenfest.
Dann gingen die Leute zum Bader.
Der Bader gehörte
zum fahrenden Volk,
das von Jahrmarkt zu Jahrmarkt zog.
Manchmal kannte sich der Bader wirklich
mit Krankheiten und Heilkräutern aus.
Und manchmal verkaufte er
nur Zuckerpillen für viel Geld.

Zähne zog der Bader
in jedem Fall mit einer großen Zange,
mitten auf dem Marktplatz,
mit Publikum und viel Geschrei
und ohne Betäubung.

War gerade kein Bader
in der Gegend,
ging man zum Schmied.
Der hatte nicht nur große Zangen,
sondern meistens auch viel Kraft.

Viele Menschen hatten
auf Grund der schlechten
Ernährung schon mit jungen
Jahren keine Zähne mehr.
Es gab aber auch noch
keine Gebisse.
Da konnten sie also nur
noch Brei und Suppen
oder eingeweichtes Brot
essen!

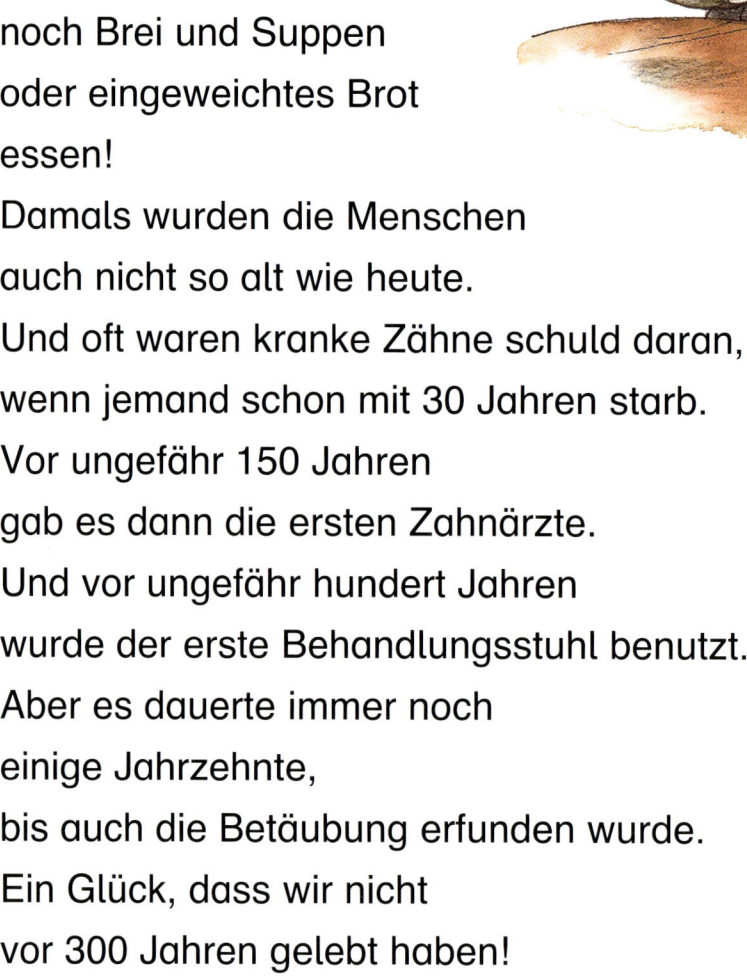

Damals wurden die Menschen
auch nicht so alt wie heute.
Und oft waren kranke Zähne schuld daran,
wenn jemand schon mit 30 Jahren starb.
Vor ungefähr 150 Jahren
gab es dann die ersten Zahnärzte.
Und vor ungefähr hundert Jahren
wurde der erste Behandlungsstuhl benutzt.
Aber es dauerte immer noch
einige Jahrzehnte,
bis auch die Betäubung erfunden wurde.
Ein Glück, dass wir nicht
vor 300 Jahren gelebt haben!

Auch ein Elefant hat mal Zahnschmerzen

Sonntagmittag klingelt es bei Lisa.

Frau Dr. Bohrmann

steht vor der Haustür.

»Ich fahre in den Zoo«, sagt sie,

»es handelt sich um einen Notfall.

Im Elefantenhaus.

Willst du mit?«

Lisa kapiert kein Wort.

Aber sie kommt natürlich trotzdem mit.

Und auf der Fahrt zum Zoo erklärt ihr

Frau Dr. Bohrmann, worum es geht.

Sie ist gerufen worden,
um einem Elefantenbullen zu helfen.
Der ist dreimal so hoch wie Lisa.
»Und er wiegt etwa siebenmal so viel
wie das Auto von deinem Vater«,
erklärt Frau Dr. Bohrmann.
Der Zootierarzt hat den Elefantenbullen
schon betäubt.
Jetzt können sich Frau Dr. Bohrmann und
Lisa den entzündeten Zahn ansehen.
»Innen hat sich Eiter gebildet«,
sagt Frau Dr. Bohrmann.

Mit einem Riesenbohrer bohrt sie
einen Kanal in den Zahn.
Dann spült sie den Zahn mit Wasser
aus dem Gartenschlauch aus
und danach bekommt der Elefant
noch eine Riesenspritze.
»So«, sagt Frau Dr. Bohrmann,
»wenn er aufwacht,
sollte es ihm schon besser gehen.«
»Müssen Zahnärzte öfter Tiere behandeln?«,
staunt Lisa.
»Nein, eigentlich nicht«,
erwidert Frau Dr. Bohrmann,
»aber Elefanten sind mein Hobby.
Und ich weiß eine ganze Menge
über ihre Stoßzähne.
Deshalb werde ich geholt,
wenn ein Elefant Zahnschmerzen hat.
Das passiert nämlich nicht nur
uns Menschen...«

Spiel: »Zähne ziehen«

»Zähne ziehen« wird so ähnlich gespielt
wie »Schiffe versenken«.
Ihr braucht dazu also nur
ein Blatt kariertes Papier,
auf das ihr zwei Quadrate malt,
jeweils zehn Kästchen nach links
und jeweils zehn Kästchen nach rechts.

Über die oberen Kästchen
schreibt ihr die Buchstaben von A bis J,
neben die linken Kästchen
die Ziffern 1 bis 10.
(Oder ihr kopiert einfach die Vorlage
auf der nächsten Seite.)

Jeder Spieler erhält zwei Eckzähne (= ∇),
vier Backenzähne (= ∎) und
zehn Milchzähne (= O).

Die Eckzähne und die Backenzähne
müsst ihr nebeneinander
oder untereinander
in euer Spielfeld eintragen,
die Milchzähne
könnt ihr beliebig verteilen.
Und los geht's!
Aber aufgepasst:
Fünf Milchzähne haben Füllungen (= ●)
und wer bei seinem Spielgegner
einen Milchzahn mit Füllung trifft,
muss auf seinem eigenen Spielfeld
ebenfalls einen Milchzahn streichen
(egal, ob mit oder ohne Füllung).
Und gewonnen hat natürlich der,
der zum Schluss
noch die meisten Zähne übrig hat!